# DALIDA

## (1933-1987)

## Trentième Anniversaire
## Version Revue et Corrigée

Par Teddy Crispin

Teddy Crispin

Postfach 600185
D-60331 Frankfurt am Main

Fin de réalisation: Octobre  2018

**ISBN 978-3-948009-06-9**

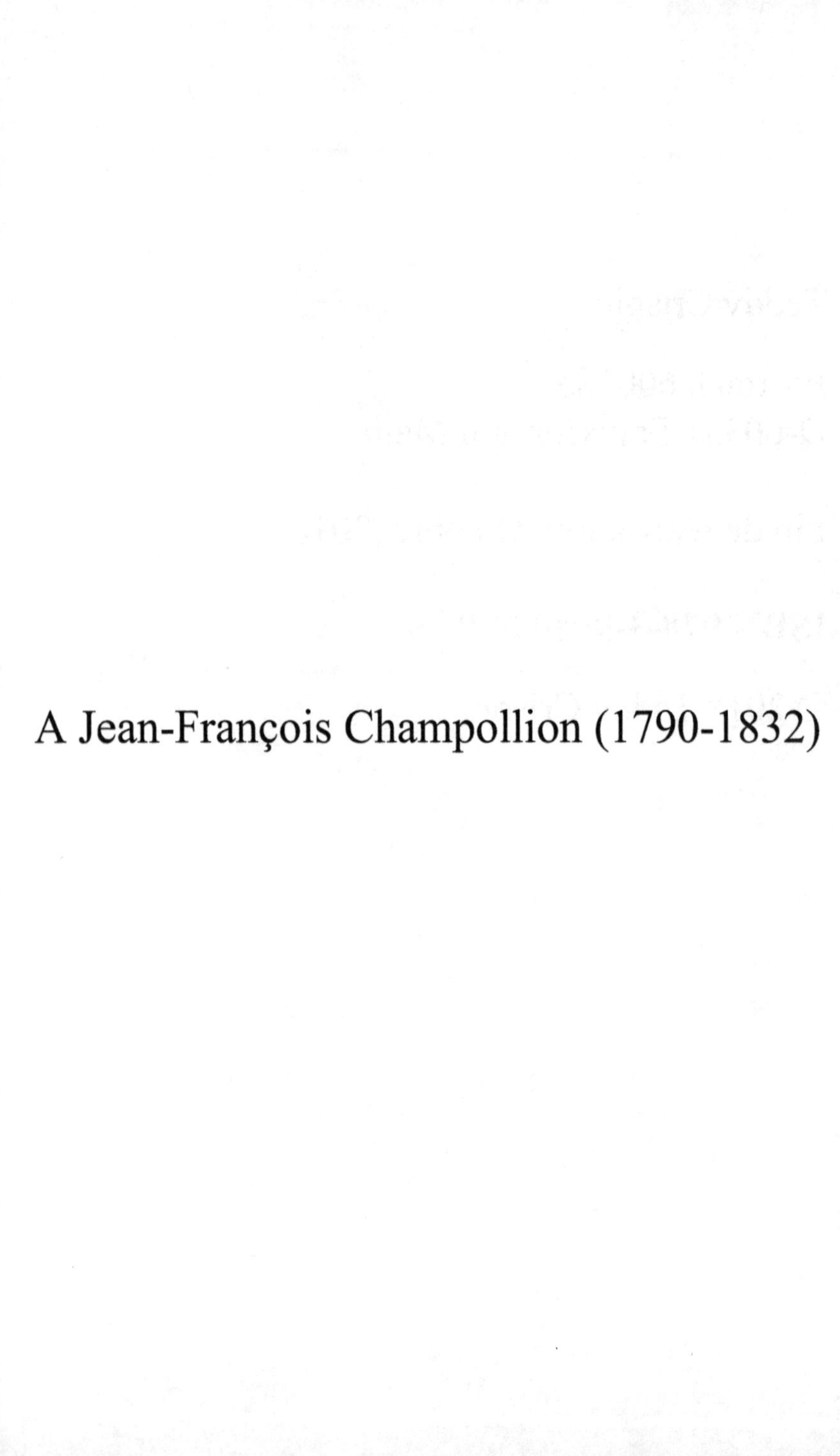

A Jean-François Champollion (1790-1832)

# CONTENU

# I

# ENFANCE ET ADOLESCENCE

Elle était née un 17 Janvier 1933 à Shubra, un petit quartier du Caire, non loin du Nil millénaire, et de ses eaux bleues chargées de boue, de limon, d'ibis, de papyrus, de nénufars, de grenouilles, et d'Histoire.

Comme me l'avait fait comprendre un jour, le comédien, metteur en scène, humoriste, …, Henri Tisot, tout nous parle, et tout nous parle même dans les détails les plus simples, et les plus inattendus.

En effet, comme le dit un jour Henri Tisot (1937-2011), en 1995, sur les planches du Théâtre du Palais-Royal, dans sa pièce de « de Gaulle à Jésus-Christ », avec les lettres de la ville Jérusalem, étonnamment, on peut aussi écrire le mot, « Je meurs là », or Jésus-Christ est bien mort à Jérusalem, étonnant, non?

Ah ! cet Henri Tisot, homme bourru et talentueux, homme au grand cœur, et fidèle à ses racines de la Seyne-sur-mer. Grand conteur dans ses évocations d'Arletti, Pauline Carton, Mick Micheyl, …

Mais revenons à nos moutons. Oui, en effet, c'est étonnant. Hé bien, rappelons-nous que Dalida, comme indiqué plus haut, était née un 17 Janvier 1933. Si on s'arrête à l'année de naissance de Dalida, 1933, en laissant le chiffre 9 de côté, et en ajoutant le chiffre 1 aux 3 et 3, hé bien on obtient le chiffre 7, qui comme par hasard, était le chiffre fétiche de Dalida.

Dans la numérologie, le chiffre 7 définit les gens d'esprit très analytique, avec un profond désir de connaissance et de recherche, sur le chemin de la paix intérieure. Portrait tout à fait proche de celui de Dalida.

Et même en gardant le chiffre 9 de l'année 1933, on retombe également sur le chiffre fétiche de Dalida, le chiffre 7.

1 + 9 + 3 + 3 = 16, et quand vous ajoutez le 1 au 6, vous retombez sur le chiffre 7.

Etonnant, non ?

Laissons là, la numérologie, et tous ces chiffres, pour retourner à Shubra. Shubra viendrait du copte *Šopro* qui signifierait « Petit Village », nous ramenant à son attachement à la colline de Montmartre, colline de Montmartre qui lui rappelait sûrement un petit village, ceux de son enfance peut-être, ou ceux d'une lointaine Calabre, le pays de ses devanciers.

Le Nil borde Shubra comme une caresse, et un peu plus au nord, l'étourdissant plateau du Gizeh, avec son sphinx, et les pyramides de Khéops, Khéphren et Mykérinos. Difficile d'imaginer que la petite Yolanda Gigliotti ait pu échapper à ses deux géants, d'une Egypte plusieurs fois millénaires.

Par des journées égyptiennes où la chaleur écrase, on peut imaginer la petite Yolanda sur les chemins menant au Nil, et à ses faveurs, et à ses fraîcheurs, accompagnée d'une ribambelle de petits compagnons du même âge, compagnons de jeux aux visages espiègles, touchants et malicieux, et peut-être aussi prêts à quelques bêtises, à l'oubli des fessées.

Nous nous reconnaissons bien là, les enfants du monde ne sont-ils pas tous les mêmes, comme dans la célèbre chanson de Barbara (1930-1997), « à Paris ou à Göttingen ».

Par les chemins de Gizeh, elle s'en fut également probablement escortée d'une mère très attentive et stricte, de quelques frères, et quelques cousins et cousines. La beauté du paysage de Gizeh l'avait probablement éblouie, ébahie, bouleversée, comme un présage aussi de ce grand destin qui allait un jour se dérouler devant elle, comme un tapis vivant de velours rouge.

Que reste-t-il de Shubra, « Que reste-t-il de nos amours, un petit village, un vieux clocher, un paysage si bien caché… », comme nous le rappelle cette merveilleuse chanson de Charles Trénet que reprendra Dalida, Charles Trénet, qui écrira un jour pour Dalida, la chanson titre du dernier album de cette dernière, « Le Visage de l'Amour », paru en 1986.

Quelle est la part de Shubra dans la vie de Dalida, tout bien-sûr, car c'est là que se dessine tout ce qui va vous poursuivre toute une vie durant.

Shubra qu'elle n'aura de cesse de revivre, d'une façon ou d'une autre, tout au long de sa vie, comme pour se ressourcer, ou peut-être, comme pour conjurer des fantômes si lointains, et pourtant si proches, et si vivants.

Je parlais tout à l'heure d'Henri Tisot, ce comédien qui un temps avait joué à la Comédie Française, et qui connut le succès pour ses imitations du Général de Gaulle.

Henri Tisot avait en effet vendu plus d'un million d'exemplaires de son disque « L'Autocirculation » en imitant la voix du Général de Gaulle.

Il connut également le succès avec la série télévisée « Le Temps des Copains » en 1961.

Mais, c'est un autre Henri Tisot que je découvris en 1995, un passionné des Evangiles et du Christ, et qui avait étudié pendant près de quarante ans l'Hébreu avec ses maîtres : le rabbin Albert Abécassis et le Professeur Tomatis, afin de lire la Bible dans le texte originel, dans son sens premier et profond.

C'est cet Henri Tisot habité du spirituel et des Saintes Écritures que j'ai connu, et qui m'amène à me poser la question d'une rencontre entre Henri Tisot et Dalida, qui se connaissaient bien-sûr, car ils avaient fait une tournée avec Enrico Macias.

Mais s'étaient-ils arrêtés un jour, Dalida et Henri Tisot, pour discuter de Dieu, de l'au-delà, et de choses métaphysiques, cela n'est point impossible entre deux êtres si habités par le spirituel, et par une certaine quête supérieure. Et il me plaît de l'imaginer.

Shubra fut pour Dalida, comme pour bien des vies humaines, l'expérience de tragédies qui vous forment et vous renforcent.

Une ophtalmie qui l'obligera à porter un bandeau sur les yeux pendant quarante jours, et qui lui laissera un strabisme divergeant.

Cette période de quarante jours, un mois et dix jours, qui seront bien-sûr comme une éternité pour elle, comme pour tout autre enfant dans la même situation, est une période déterminante dans la vie de Dalida.

De ces quarante jours dans le noir, Dalida gardera toute sa vie la peur de dormir dans le noir, si bien qu'elle dormira avec la lampe de chevet toujours allumée. Mais bien évidemment, comme souvent dans la vie, s'il y a un mal, il y a aussi un bien, à un yang, s'associe toujours un yin.

Dans ces quarante jours, quand on ne voit plus, les oreilles font office d'yeux.

Aura-t-elle développé, durant cette période de quarante jours de ténèbres, une oreille infaillible aux notes et à leurs nuances, qui lui servira plus tard, dans sa carrière d'interprète et de chanteuse.

Une oreille aguerrie dans le noir, et attisée par les sons alentour, les voix et les mélodies de la radio, et tout l'amour ruisselant du jeu du violon de son père Pietro.

C'est probablement de ces quarante jours dans le noir, que Dalida prendra, sans le savoir peut-être, toute la mesure de l'amour de Pietro, qui aimait tant sa fille, que pour l'accompagner dans cette épreuve, lui jouait merveilleusement du violon, la préparant ainsi, et sans le savoir, à son grand destin.

Chose étrange, et qui me vient soudain à l'esprit, à propos de ces quarante jours, le Christ, lui-même, resta quarante jours dans le désert, il jeûna même pendant quarante jours, et au bout de ces quarante jours, il eut faim.

Au bout de ces quarante jours dans le noir, on peut imaginer que Dalida eût faim, faim de lumière, faim de la chaleur aurifère du soleil, faim de vie, et faim de vivre, comme elle le chantera des années plus tard, en 1976, dans cette merveilleuse chanson de Pierre Grosz et Gilbert Bécaud : « Amoureuse de la Vie ».

Mais nous le savons, tous les enfants sont durs et terribles, et tout cela aussi nous forme et nous façonne.

À la fin de ces quarante jours dans le noir et dans la Géhenne, Dalida dut porter des lunettes, préparant pour elle le chemin de croix des cours de récréation, pour celle qui pour un temps sera « Quatre Zyeux ».

Shubra sera aussi le temps de l'affirmation pour une Dalida adolescente et indépendante, et qui s'affirme, qui se présente à un concours de beauté à l'insu de sa famille en 1954, et qui le remporte, ayant peut-être également compris que les grands destins se forgent à l'aune du courage, et parfois, de « quitte ou double ».

# II

# ARRIVÉE À PARIS ET VIE D'ADULTE

Il parait que c'est un 25 Décembre 1954 quc Dalida débarqua à Paris, neigeait-il ce jour-là, si Paris peut-être beau sous la neige, il est une composante à rebuter une grande fille brune, élevée dans la chaleur des étés égyptiens, le froid.

Je crois que Dalida n'aimera jamais le froid, et la tristesse des mois d'automne. Une phrase au fond de moi résonne, lancée par Dalida au cours d'une émission de Danièle Gilbert, quelque chose comme : « Mais qu'est-ce qu'il fait froid ici. »

Elle s'y fera au froid, mais ne s'y habituera jamais, et on n'a pas toujours le choix, et c'est vers les soleils corses, turcs, moyen-orientaux, seychellois, égyptiens, antillais..., que Dalida rechargera ses batteries, et qu'elle se sentira vivre et revivre.

Une petite chambre de bonne accueillera Dalida pour ses débuts à Paris, avec, parait-il, un Alain Delon, pour voisin de couloir.

Peut-être que dans leur chambre respective, la tête de Dalida posée sur le lit jambesque d'un Alain Delon sidérant de beauté, ces deux géants, qui ne l'étaient pas encore, ont partagé leurs espérances pour le futur, comme deux Rastignac, à la conquête de Paris.

Ont-ils joué aux jeux de l'Amour et du Hasard, Alain Delon était d'une beauté incroyable, le cheveu et l'œil d'un noir de jais, l'œil aguicheur et séducteur, un corps sec de félin et de guépard, à faire défaillir toutes les résistances.

Dalida aurait-elle pu résister à un Alain Delon qui était un Phébus personnifié, hé bien, je crois que oui, et cela reste leur histoire, et leur secret, de cette période là, et je trouve bien que l'on ne sache pas tout, cela ouvre des portes à une imagination pittoresque et romanesque.

Dalida s'ennuyait-elle avec Lucien Morisse (1929-1970), pour tomber dans les bras du peintre Jean Sobieski.

Jean Sobieski, était beau, certes, mais il y avait chez lui quelque chose d'élégant, d'un autre âge, de trouvère, de troubadour, de chevalier servant, d'amour courtois qui a dû plaire à Dalida, elle a pris le meilleur des hommes qui ont croisé sa route, je crois, ayant été interpelée également dans et par leurs différences.

Luigi Tenco (1938-1967), lui, est un personnage très intéressant et fascinant dans la vie de Dalida, et dans l'histoire de la musique populaire en général.

Un personnage un peu décalé, d'un réel talent, décalé par rapport à son époque, et d'une émotion inimaginable, c'est sans nul doute un artiste à découvrir, et à redécouvrir.

Ecoutez « Vedrai Vedrai », de Luigi Tenco, c'est beau, magnifique et déchirant. C'est peut-être cela qui attirait Dalida, la blessure des autres la renvoyait, comme dans un miroir, à ses propres blessures.

Elle voulait, paraît-il, épouser Luigi Tenco (1938-1967), peu certain qu'une telle union entre deux écorchés vifs ait pu fonctionner, et Dalida était-elle faite pour le mariage, j'en doute profondément.

# III

# RICHARD CHANFRAY (1940-1983)

# ALIAS LE COMTE DE SAINT-GERMAIN

Le Comte de Saint-Germain. Le Comte de Saint-Germain est un personnage intrigant, étonnant, mystérieux, et attachant à la fois, il avait toutes ces qualités qui ne pouvaient laisser une Dalida indifférente.

Le 28 Février 1972, un documentaire qui lui était consacré s'ouvrait ainsi : « Cet homme est une légende ».

Documentaire, au cours duquel, il, Richard Chanfray, transforma du plomb en or, et dans lequel il déclara : « Je suis né un jour, il y a 17 000 ans. »

Indication très intéressante, car si Richard Chanfray est né il y a 17 000 ans, il aurait pu connaître Cléopâtre (69 – 30 Avant Jésus Christ), ce personnage fascinant de l'Antiquité, et qui vraisemblablement, fascinait, également, sa compatriote Dalida.

Et ce dernier, Richard Chanfray (1940-1983), aurait pu partager avec Dalida, certains secrets sur la dernière des Ptolémée, de ses amours avec Marc Antoine (83 – 30 Avant Jésus Christ), …, laissant une Dalida subjuguée devant un tel talent de conteur, et devant une telle érudition de Richard Chanfray, alias le Comte de Saint-Germain.

Ce documentaire, produit par l'Office National de Radio Télévision Française, s'intitulait « Le Troisième Œil », et est désormais accessible, grâce aux archives de l'Institut National de l'Audiovisuel en France.

Le Comte de Saint-Germain se disait alchimiste, antiquaire, et le dernier des Templiers, il avait plaisir à se balader à Versailles, et dans ses parcs, qui rappelaient à son bon souvenir, « cette foule qui n'est plus là », et qui « est quand même présente à mon esprit. »

Le Comte de Saint-Germain disait aussi avoir possédé un château, qui selon ses dires, était « un relais entre le monde et le temps », il prétendait avoir commerce avec le fantastique, les bois qui se soulèvent participaient de son univers, comme ses nombreux passages par la « Porte de l'Inconnu » et par la « Porte du Temps ».

Comme le vrai Comte de Saint-Germain (1710-1784) qui fréquentait les nombreux salons du XVIII ème siècle, dont celui de Madame d'Urfé, Richard Chanfray s'était également fait un nom, dans les salons parisiens des années 70 et 80, et avouait même parler 17 langues.

Si Richard Chanfray (1940-1983) était une belle plante chargée des promesses de belles semences et de beaux fruits, à l'instar de la haute société et de la bourgeoisie du XVIII ème siècle, il jouissait d'une apparence avenante alliée à une tête bien faite, car si le XVIII ème siècle fut celui des Casanova et du Marquis de Sade, il fut également celui de Voltaire, Rousseau, Diderot, …, de l'Encyclopédie, et du Siècle des Lumières.

A propos de la mort, Richard Chanfray, dit le Comte de Saint-Germain, s'exclama en disant un jour : « Si elle doit être vécue, alors je pense que nous vivons une mort actuellement.»

Peu avant sa mort, Richard Chanfray (1940-1983), en vrai Seigneur, aurait invité quelques intimes et collaborateurs de son avant-dernière compagne (Dalida), pour un dernier repas.

Cette dernière aurait été déçue, de n'y avoir pas été conviée, lorsqu'elle fut mise, un peu trop tard, dans la confidence.

Le Comte de Saint-Germain avait une folle envie de rencontrer Dalida. Cela tombait également bien, car Dalida, elle aussi, avait également, terriblement envie, de rencontrer, Richard Chanfray.

Et il n'est pas besoin d'être le véritable Comte de Saint-Germain (1710-1784), ni d'avoir les talents de prescience et de divination de ce dernier, pour imaginer ce qui a pu pousser Dalida dans les bras de Richard Chanfray, et Richard Chanfray dans les bras de Dalida.

Il suffit de voir et de revoir Richard Chanfray (1940-1983), pour deviner et anticiper les belles promesses auxquelles on aurait pu s'attendre.

Mais Richard Chanfray avait beaucoup d'autres talents, que ceux que l'on pourrait facilement imaginer, et lui prêter, c'était un peintre accompli, il peignait des toiles d'une beauté inimaginable, comme sorties d'un autre âge, reflétant cette face cachée de lui-même, un voyage intérieur, ésotérique et mystique à la fois.

Il lui aura manqué peut-être de cette discipline, cette discipline qui permet d'aller au bout des choses et de les concrétiser, il lui aura peut-être manqué, cette force et ce courage, pour surmonter certaines peurs, la peur peut-être, de son propre génie.

# IV

# FRANCOIS MITTERRAND (1916-1996)

Les chemins du destin se sont également croisés pour Dalida et François Mitterrand (1916-1996).

Pas spécialement beaux, certains hommes se rassurent par le nombre de leurs conquêtes et trophées. Et il n'est pas impossible, que pour un séducteur, comme François Mitterrand, une femme aussi belle et populaire que Dalida, fût une conquête des plus attractives.

De plus, ce fin politicien que fut François Mitterrand, ce véritable Machiavel (1469-1527) des temps modernes, qui n'avait peur de rien, et qui ne reculait devant rien pour atteindre à ses objectifs, ou pour protéger quelques grands secrets, hé bien ce François Mitterrand, a sûrement su voir les avantages politiques, qu'il pouvait tirer d'un soutien éventuel, d'une chanteuse très populaire nommée Dalida.

Et le côté lettré de François Mitterrand a probablement plu à Dalida, comme un lecteur put plaire à une Dalida, plus dévoreuse de livres, que dévoreuse d'hommes.

L'intelligence, et le mystère, qui entouraient le personnage de François Mitterrand, ont sans nul doute fasciné Dalida.

Aura-t-elle, néanmoins, pesé la part d'ombre, du personnage François Mitterrand, la part d'ombre, de l'homme de pouvoir, à qui l'on prête, d'avoir tiré bien des ficelles, de Daniel Balavoine (1952-1986) à Coluche (1944-1986), de Coluche à de Grossouvre (1918-1994), de de Grossouvre à Jean-Edern Hallier (1936-1997), …

L'aurait-elle soutenu en 1988 à l'élection présidentielle, rien n'est moins sûr, ayant eu cher payé son précédent soutien à François Mitterrand, pour l'élection présidentielle de 1981.

# V

# ANNÉES 1980

Le début des années 80 commence exceptionnellement bien pour Dalida, selon un sondage de Paris Match de 1981, elle serait la chanteuse préférée des Français.

Mais les années 80 sont aussi les années sombres, mortuaires et morbides, de toute une série de départs d'artistes, de Daniel Balavoine (1952-1986), de Coluche (1944-1986), de Thierry le Luron (1952-1986), …, et de Richard Chanfray (1940-1983).

Dalida aurait-elle été touchée par la disparition brutale et troublante du Petit Prince activiste de la chanson française, Daniel Balavoine, sans nul doute.

Elle aurait sûrement aimé le courage de Daniel Balavoine, qui n'avait pas hésité à dire ses quatre vérités à M. Francois Mitterrand, et par là-même, à toute la classe politique de l'époque, lors d'une célèbre émission télévisuelle.

Daniel Balavoine qui disparut à l'âge de 33 ans en 1986, et qui n'a rien perdu de son actualité, et qui nous manque encore aujourd'hui, viscéralement et terriblement.

Coluche et Dalida. Ils s'étaient tous deux rencontrés dans les studios de RTL, peu de temps avant la disparition de Coluche en 1986, et Coluche avait dit le plus grand bien de Dalida.

La disparition de Thierry le Luron avait également dû profondément marquer Dalida, après tout, les imitations de Thierry le Luron ne venaient pas d'un fond méchant, il faisait son métier, c'est tout, c'était un humoriste.

Et puis bien-sûr, la brutale disparition de Richard Chanfray dit le Comte de Saint-Germain. Bien que peu s'y arrêtent, je pense que cette disparition voulue de Richard Chanfray a eu des conséquences cataclysmiques dans la vie et la psyché de Dalida, ce fut peut-être le début du compte à rebours qui conduira Dalida vers le néant.

Richard Chanfray avait probablement mal supporté sa séparation d'avec Dalida, et il n'était, je crois, pas du tout prêt à partir sans laisser de traces et de dégâts.

En se suicidant, il savait pertinemment les conséquences psychologiques et dramatiques que cela entraînerait chez Dalida, son ancienne partenaire, allant jusqu'à se suicider avec une autre femme, comme un gant jeté à la face de Dalida.

Richard Chanfray n'a pas toujours fait preuve de diplomatie et d'élégance, bien qu'il pût en certaines occasions, être le plus admirable des chevaliers servants, pour arriver à ses fins.

1983 est probablement donc le commencement de la fin pour Dalida, mais bien-sûr, avant de s'effondrer et de céder, on se rattrape et on se raccroche à quelques branches.

Après plus de trente ans de chanson, Dalida a envie d'autres choses, et un projet se présente, arrive au bon moment, l'une des branches justement à laquelle se rattraper, à laquelle se raccrocher, une proposition de film, avec l'un des plus grands metteurs en scène du monde arabe, Youssef Chahine (1926-2008).

Un film tiré d'un livre d'Andrée Chedid (1920-2011), « Le Sixième Jour ».

Andrée Chedid, une Cairote comme Dalida, et la mère de Louis Chedid, l'auteur d' »Anne, Ma Sœur Anne », et la grand-mère de Matthieu Chedid.

Dalida retournera une fois de plus en Egypte, en tant qu'actrice cette fois-ci, un retour à ses premières amours, le cinéma.

Elle est heureuse, heureuse vraiment de faire autre chose, d'aller chercher d'autres ressources à ce talent multiple.

À la cinquantaine passée, elle a mûri, Dalida, et les épreuves ont nourri un véritable talent de comédienne, et de tragédienne, et d'actrice.

Comme un serpent après sa mue, elle s'en est allée, Dalida, au cours de ce tournage en Egypte pour « Le Sixième Jour», à mille lieues de la chanteuse, loin de cette image frivole et pesante de strass et de paillettes, qui ne lui correspond probablement plus, et qui ne correspond peut-être plus à l'air du temps, l'année 1987 n'est-elle l'année de l'arrivée de Vanessa Paradis avec « Joe le Taxi ».

Elle a besoin de dépouillement, peu de maquillage, elle ne gardera qu'un trait noir, devenu plus délicat avec le temps, sur les paupières, un peu de rose sur les lèvres, et un discret nuage de rose sur les joues.

Il semble qu'elle ait complètement oublié Dalida, et elle en a besoin pour être en osmose avec son rôle, pour bien entrer dans la peau de Saddika.

Elle s'émerveille du talent de Youssef Chahine (1926-2008), qui arrive à faire des chefs-d'œuvre, avec si peu de moyens, et comme cela lui fait aussi du bien de tourner loin de la vie et du showbiz parisiens.

Frédéric Mitterrand la surprendra pendant le tournage du « Sixième Jour », pour une petite interview, petite interview très belle et très candide, où Dalida parlera de cette expérience de comédienne et d'actrice, qui lui apporte tant, en ces moments d'incertitudes, dans sa vie de femme et dans sa vie d'artiste.

Avait-elle déjà envisagé de partir sur quelque chose de beau et de magnifique, de partir sur « Le Sixième Jour » ?

En 1986, Dalida se rappelle au bon souvenir de l'anecdote, avec une très belle publicité pour Wizard Sec Désodorisant, avec un texte adapté pour l'occasion, sur un extrait de « Gigi l'Amoroso ».

En 1990, ce sera au tour de Nana Mouskouri de prêter son image à Wizard Sec Déodorant, sur quelques notes de musique de « Quand Tu Chantes ».

De retour à Paris, Dalida parlera, avec passion, sur les plateaux de télévision, du film de Youssef Chahine, « Le Sixième Jour ».

Une superbe chanson intitulée «Le Sixième Jour », écrite avec brio par Messieurs Dunoyer, Jouveaux et Kochman, sur des rythmes synthétiques, fera également partie de la promotion.

Cette chanson, « Le Sixième Jour », colle bien à l'air du temps, tout en étant intemporelle, et va également comme un gant à Dalida. Elle semble annoncer la nouvelle Dalida, celle des années 90, et qui auront lieu sans sa présence physique.

Si «Le Sixième Jour » de Youssef Chahine (1926-2008), avec Dalida et Mohsen Mohiedine en tête d'affiche, est un film magnifique, il aurait dû mériter d'une campagne adaptée.

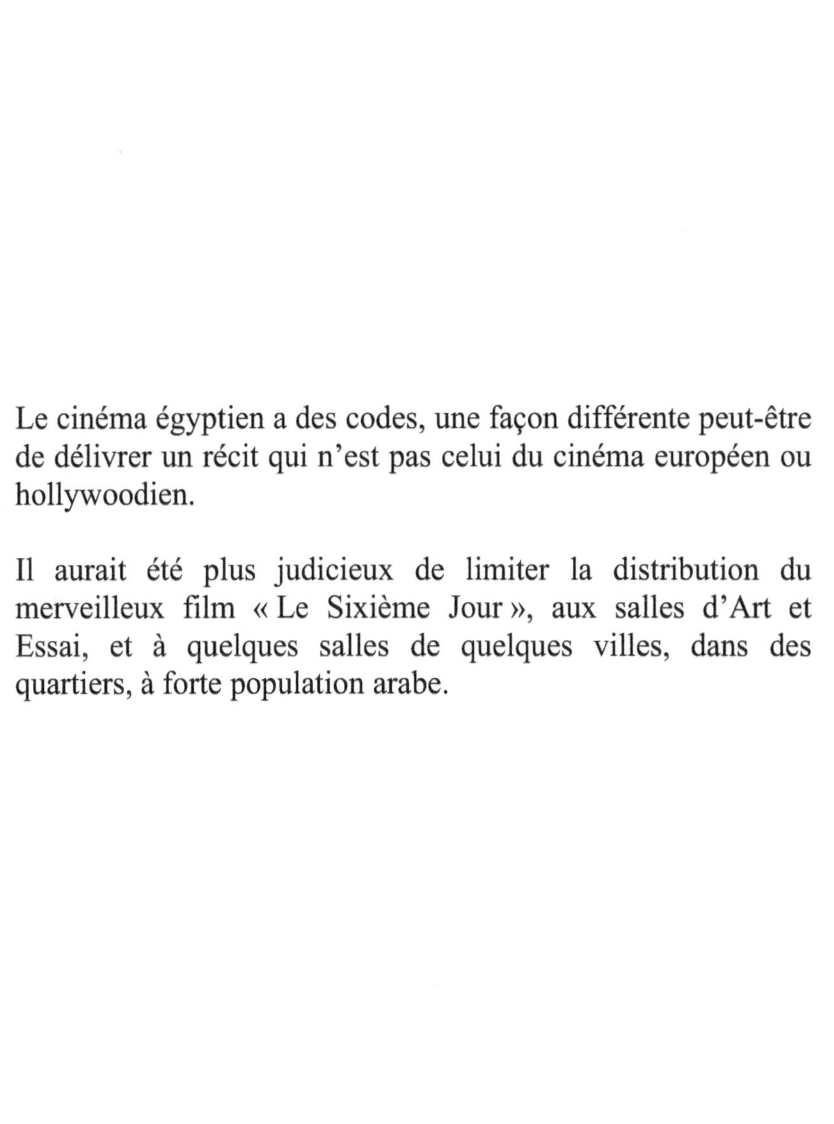

Le cinéma égyptien a des codes, une façon différente peut-être de délivrer un récit qui n'est pas celui du cinéma européen ou hollywoodien.

Il aurait été plus judicieux de limiter la distribution du merveilleux film « Le Sixième Jour », aux salles d'Art et Essai, et à quelques salles de quelques villes, dans des quartiers, à forte population arabe.

# DERNIERS PROJETS, DERNIERS JOURS

La Dalida des derniers jours, une prisonnière en son logis ?

Le chiffre 7, qu'affectionnait Dalida, est le chiffre des gens marqués de grande solitude, et nous voilà donc, sans le vouloir, de retour à la numérologie, et nous en sortons tout aussi vite.

Les derniers mois de Dalida seront marqués par une toute dernière visite à son Fan Club, où elle est terriblement émue par cette rencontre, au bord des larmes.

Elle parle de grands projets, comme d'une comédie musicale, on sait aujourd'hui qu'elle devait s'appeler « Cléopâtre », sur une musique d'Ennio Morricone.

Un nouvel album écrit par Jacques Morali aurait été aussi prévu pour Dalida, avec des chansons aux titres improbables comme « La Magie des Mots », mais celle qui avait chanté les grands auteurs, Brel (1929-1978), Ferré (1916-1993), Brassens (1921-1981), Lama, Paul de Senneville, Alice Dona, Gilbert Bécaud (1927-2001), Michel Legrand, Aznavour (1924-2018), …, avait-elle vraiment envie de poser sa voix sur du Jacques Morali (1947-1991), ce dernier disparaitra d'ailleurs peu de temps après en 1991.

Une séance photo avec « Pierre et Gilles » aurait été prévue pour Dalida, mais l'interprète du « Sixième Jour », celle qui était magistralement entrée dans la peau de Saddika, avait-elle vraiment envie de faire partie du panthéon très kitsch de « Pierre et Gilles », n'aspirait-elle pas déjà à autre chose.

Alice Dona, cette grande compositrice, la compositrice de « Je Suis Malade », de « Tables Séparées », …, quelques jours avant le départ de Dalida, lui offrit une très belle chanson intitulée « Fatiguée », chanson qui avait ému Dalida jusqu'aux larmes, tant elle collait à la peau de l'interprète. Elle n'aura pas, Dalida, la joie de l'enregistrer.

Elle demande à ses fans de continuer, à être « ses guerriers », ce qui n'annonce rien de bon.

Professionnelle, elle est allée à ce rendez-vous, comme pour dire un dernier merci à tous ces admirateurs du monde entier, et repart chargée de fleurs, comme un présage de celles, qui, mortuaires, cette fois, fleuriront bientôt son beau cercueil, puis sa tombe, au cimetière de Montmartre.

Cimetière de Montmartre où sont également enterrés Hector Berlioz (1803-1869), Edgar Degas (1834-1917), Marceline Desbordes-Valmore (1786-1859), Alexandre Dumas fils (1824-1895), Théophile Gautier (1811-1872), La Goulue (1866-1929), Alfred de Vigny (1797-1863), Stendhal (1783-1842), Juliette Récamier (1777-1849), Vaslav Nijinski (1889-1950), Louis Jouvet (1887-1951), Heinrich Heine (1797-1856), …

A ce rendez-vous d'Amour dernier avec son Fan Club, qui depuis, sous la houlette de Thierry Savona, a pris une toute autre dimension, Dalida est sans fond de teint, un peu de rouge sur les lèvres, un peu de rose sur les joues, dans la simplicité et l'authenticité de son visage du « Sixième Jour ».

Dans sa maison, au 11 bis de la rue d'Orchampt, on dit que dans les derniers jours, elle traînait comme une âme en peine, n'ouvrait plus les volets, passait ses soirées à visionner d'anciens films, à l'instar de Gloria Swanson (1899-1983), dans le merveilleux film de Billy Wilder (1906-2002), « Boulevard du Crépuscule », avec William Holden (1918-1981), Erich von Stroheim (1885-1957), Buster Keaton (1895-1966), ...

On se souvient de sa superbe apparition de Février 1987, dans « Dimanche Martin », où Dalida, dans une superbe robe de cuir noir interprètera « Le Sixième Jour », à l'ombre visible d'un sourire de circonstance.

Un homme parait-il aura illuminé encore une dernière fois les dernières années de Dalida, bel homme, un peu frimeur, un peu Comte de Saint-Germain, sans le côté disons « inquiétant ».

Mais il y avait-il dans cette histoire, des gens qui dans l'ombre, tiraient les ficelles?

# VII

# 2 MAI 1987

# LE JOUR OÙ LE RIDEAU EST TOMBÉ

Pour le dernier jour de sa vie terrestre, un 2 Mai 1987, Dalida aura éloigné son habilleuse, pour se retrouver toute seule ce soir-là, chez elle, avec elle-même.

Dans son pyjama de soie, elle s'assoira en position de méditation, à l'instar de son si fidèle compagnon, un très joli bouddha d'or, dans sa position assise et méditative.

Un très joli bouddha d'or à la couleur de soleil, étincelant quand la lumière du jour se posait sur lui comme une caresse.

La date du 2 Mai 1987 n'a pas été choisie par hasard, par Dalida.

Le mois de Mai est le mois préféré de Dalida, c'est le mois des cerisiers en fleurs, le mois du Printemps, le mois de la Renaissance et de la Naissance à une autre dimension.

Et nous voilà également de retour à la numérologie, le 2 Mai, c'est le chiffre 2 + le chiffre 5, puisque le mois de Mai correspond au cinquième mois de l'année, et 2 + 5 = 7, le chiffre fétiche de Dalida.

De plus, si vous prenez l'année 1987, en ajoutant 1 + 9 + 8 + 7, vous obtenez le chiffre 25, et 2 + 5 = 7, et l'on retombe encore sur le chiffre fétiche de Dalida, le chiffre 7.

Après avoir bu le mélange mortifère d'alcool et de barbituriques, c'est tout naturellement, et pour la première fois, dit-on, que Dalida éteindra sa lampe de chevet, car elle n'en a plus besoin, car elle le sait, au bout du couloir, et au fond du tunnel, elle retrouvera la lumière.

# BIOGRAPHIE DE L'AUTEUR

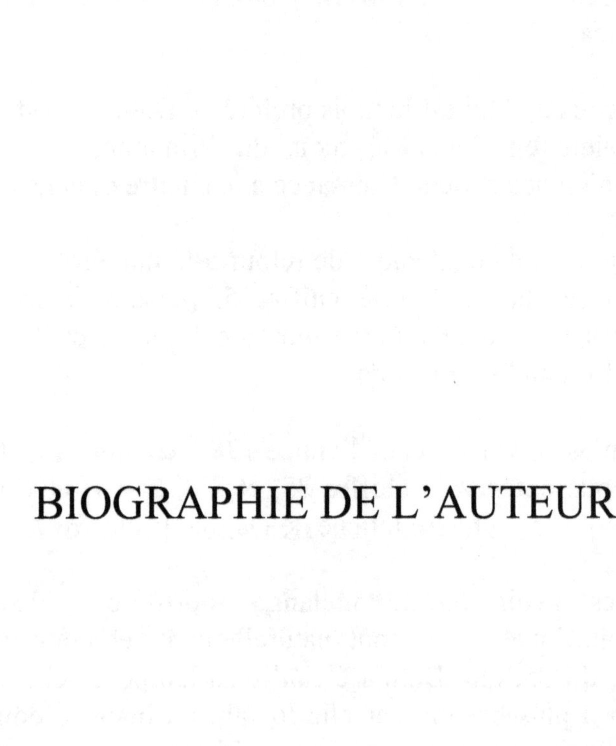

TEDDY CRISPIN

Teddy Crispin. Il paraît que le nom que l'on porte renseigne énormément sur le récipiendaire de ce dernier.

Pour moi, mon prénom c'est Teddy, et c'est par hasard que j'appris la signification de ce prénom, que je veux bien partager avec vous, et par là-même, avec les millions de Teddy à travers le monde.

Teddy vient du Grec "Theodoros" qui signifie " Un Présent venant de Dieu ».

Le nom Crispin, qui est un nom et un prénom très répandus à travers le monde, vient des Saints Patrons des cordonniers et des travailleurs du cuir : Saint Crispin et Saint Crispinian.

J'ai eu donc la chance, dès la naissance, de porter un beau prénom, et un nom également signifiant, comme tous les Teddy et Theodore, et Crispin, à travers le monde.

Du plus loin qu'il m'en souvienne, j'étais entouré de livres, ma tante Françoise était directrice d'école, et pendant mes vacances estivales chez elle à la campagne, j'allais à la rencontre des tous derniers livres d'écoliers qu'elle possédait.

Réalisant aujourd'hui, tout ce que les fées ont pu apporter à mon berceau.

Quant à l'écriture et à la lecture, j'ai toujours aimé ces deux géants.

Enfant et adolescent, la maison remplie de livres, de cette façon, je rencontrai "L'Astragale" d'Albertine Sarrazin,

“L’Etranger” d’Albert Camus, « Les Dix Petits Nègres » d’Agatha Christie, “Peau Noire, Masques Blancs” de Franz Fanon, “We’ll Never Be Young Again” de Daphne du Maurier, ...

Pendant mon adolescence, j’ai eu une passion pour la poésie de Saint-John Perse.

Donc, un remerciement tout spécial à tous ceux qui ont contribué à faire de moi l’homme que je suis aujourd’hui.

En 1985, j’étais présent au “Forum des Jeunes qui créent” dans la section “Poésie », un évènement organisé par le Centre d’Information de Documentation de la Jeunesse : CIDJ.

En 1988, je faisais mon service militaire en tant qu’Opérateur Centraliste, recevant également la distinction de Soldat de Première Classe. J’ai beaucoup aimé faire mon service militaire, où j’ai beaucoup appris, et également sur moi-même.

En 1989, je reçois de l’Union Internationale de la Presse Catholique, en Bavière en Allemagne, le “Prix Media dans votre Pays” pour la France.

Rencontrer tous ces journalistes catholiques du monde entier de moins de 36 ans fut une expérience inoubliable.



Liens:

http://www.teddycrispin.com
http://teddycrispin.over-blog.com

# BIBLIOGRAPHIE DE L'AUTEUR

**«DU FIN FOND DE SAINT-BARTH, PENSEZ-VOUS ENCORE À MOI?» JOHNNY HALLYDAY (1943-2017) Édition Revue et Corrigée eBook**
ISBN 978-3-948009-01-4

**«DU FIN FOND DE SAINT-BARTH, PENSEZ-VOUS ENCORE À MOI?» JOHNNY HALLYDAY (1943-2017)**
ISBN 9781976950759
Broché Distribution Amazon

**« DU FIN FOND DE SAINT-BARTH, PENSEZ-VOUS ENCORE À MOI ? » JOHNNY HALLYDAY (1943-2017)**
ISBN 978-3-948009-04-5
eBook Distribution Amazon

**DALIDA (1933-1987): Trentième Anniversaire (French Edition) Paperback**
ISBN 9783000567575
Distribution Amazon

**DIX PETITS POEMES And More:**
**Ten Little Poems And More: The Augmented Version (English - French Edition) Paperback**
ISBN 9783000552151
Distribution Amazon

**DIX PETITS POEMES And More:**
**Ten Little Poems And More: The Augmented Version (English - French Edition) eBook**
ISBN 978-3-948009-00-7
Distribution Amazon

**DIX PETITS POEMES And More:**
**Ten Little Poems And More**
**(English - French Edition) eBook**
ISBN 9783000542800
Kindle (Amazon)

**THAT'S CHRISTMAS TO ME:**
**(The Teddy Crispin's Christmas Poem envisioned to become a Christmas Evergreen)**
**(English - French Edition) eBook** Kindle (Amazon)
ISBN 978-3-948009-02-1

www.ingramcontent.com/pod-product-compliance
Lightning Source LLC
LaVergne TN
LVHW042238190726
843491LV00003BA/1122